生誕八百五十年讃仰

親鸞聖人を讃えることば

和讃もどきとその随縁

佐藤賢昭

法藏館

はじめに

「如来大悲の恩徳は、身を粉にしても報ずべし」の恩徳讃の調べが流れてくると、真宗門徒は誰しも感涙にむせび胸が熱くなってきます。

八十有余歳となった私は毎日の晨朝勤行の際に、三帖和讃の中に「親鸞聖人を讃える和讃があればなあ～」と思うようになりました。

このような想いから数年来、聖人を讃える和讃もどきのことばを書き始めたのです。

無量のいのち身に受けて
智慧の光明はかりなし
宗祖聖人御遺徳を
ことば集めて恩徳讃歌

誠にことばの羅列にすぎず、聖人に対して恐れ多いことですが私なりに書きとどめ続けました。

二〇二三年は宗祖親鸞聖人御誕生八百五十年並びに立教開宗八百年の記念すべき法要を迎えました。四月一日東本願寺の御影堂の音楽法要に参詣し、ここに遇い難い無量のご縁に出遇うことができました。この機にあたり、日頃あたためておりました和讃もどきのことばをとりまとめた次第です。

合掌

目次

一　日野の里、出家得度、そして比叡の山

――千日回峯行に参加して――

（第一首〜第十二首）

1

末法五濁の悪世にうまれ
父母とわかれるかなしさよ
おさな心に手を合わす
阿弥陀如来と日野の里

2

桜の咲けしひがしやま
青蓮院の門前に
若き松若願いこめ
仏道の門春の宵

3

あすありと思うこころのあだ桜
慈鎮和尚もうなずきて
ともしびゆらぐ薄明《うすあか》り
剃髪の儀おごそかに

4

木々のみどりは比叡の山
法を求めて山登る
小鳥飛びかい声明流る
東塔西塔横河の谷

5

求道の山坂踏み越えて
比叡の堂僧仏道修行
ひびきわたりてあかつき近し
常行三昧念仏のこえ

6

山に夕影にない堂
み堂にこもる一人《いちにん》の僧
念仏三昧みほとけと
昼夜朝暮に声ひびく

7

比叡の峰々厳しき修行
諸善万行修し難し
伝教大師一隅の
みやまに光る浄土の教

8

松杉かえで連なりて
北嶺岳山難行道
宗祖のご苦労しのびつつ
谷のせせらぎ法《のり》の水

9

楞厳《りょうごん》横《よ》河《かわ》の谷深き
浄土の源流わき生《い》ずる
源信広開一代教
跡をたづねて流れくむ

10

源信僧都のみ教えは
若き範宴《はんねん》心にひびき
煩悩にまなこさえられても
摂取の光明ひかりさす

11

数百年後のこの時に
その跡訪ねる同期生
往生要集読みかえす
我は地獄に堕罪せり

12

山坂けわし雲母《きらら》坂
めざすは京《みやこ》の六角堂
降るにも照るにもいかなる大事
救世観音夢窓の大悲

日野の里、出家得度、そして比叡の山

親鸞聖人との御縁のはじめの一つとして聖人ゆかりの御生誕の地日野の里を訪れ法界寺の阿弥陀さまに手を合わせた時でした。丁度聖人の幼き姿と聖徳太子の南無仏像とが重なって、幼少期の聖人の姿を思い起こすことができたのでした。　　　　　　　　　　　　　　　　　　　　　　（第一首）

比叡山の思い出は先ず、小学校の遠足で根本中堂に行った時のことです。この時に撮った写真は、終戦直前に小学校に入学した者にとって貴重な集合写真となっています。青春時代はモタテ山キャンプ、蛇ヶ池ナイタースキーなどが記憶のなかに残っていますが、今は遠い昔の夢となりました。

比叡山といえば忘れることができない思い出があります。それは千日回峯行の修行僧に一泊随行の許可を受けた時の話です。

昭和四十九年（一九七四）に無動寺の阿闍梨・光永澄道師御指導のもとに特別参加が許可されたのです。

光永澄道師の千日回峯行の経験談は、今日では異次元の話の連続でした。さらに修行僧の夜中の回峯行の随伴は、体力の限界をはるかに越えるものでした。八百年の昔、聖人もこのような比叡の山を歩まれたのかと往時が偲ばれ、随行の私たちも回峯の行に歩み出せたのでした。

（第四首～第十首）

これ以外にも傘寿を記念して、大学同期生が横河中堂に参詣したことや、若い頃には職場の軟式野球部がトレーニングと称して雲母坂を一気に登ったことなどが思い出されます。

（第十一首～第十二首）

二　専修念仏、法然上人との出遇い

――浄土真宗最初門をくぐりて――

（第十三首～第二十六首）

13

比叡の山に庵あり
岳山第一すぐれたり
黒谷※くだる法然房
金戒光明念仏の里

※比叡山の黒谷

14

山を背にして黒谷さん
春は桜のはなふぶき
浄土真宗最初門
くぐるこの身は感無量

15

六角堂から吉水へ
雑行《ぞうぎょう》を捨てて本願に帰す
弥陀の本願いただきて
ここに善信生れたり

16

本願念仏とくひとは
今や源空《しょうにん》東山
専修念仏ひろまりて
吉水教団今さかん

17

念仏のこえ吉水に
求めるこころいま獲たり
法然門下の人となり
本願念仏真実の信

18

弥陀の本願五劫《ごこう》経《へ》て
ほとけのみ心身に受けて
よくよく案じてだれのため
わがためにぞと教え受く

19

信心えがたきこの身なり
念仏の信確かめて
信行二座の選びには
師とともに信不退

20

浄土のみ教え中国に
念仏門は深まりて
善導大師の観経疏《しょ》
これを読みとき法然房

21

三国伝来他力門
中夏※の三師おわします
玄中寺を訪ねし時
乾く大地に法《のり》の雨

※曇鸞・道綽・善導のこと

22

善導大師はただ一人
仏の光明と名号を
浄土往生の因となし
この教《きょう》受けて浄土門

23

わが朝太祖源空《しょうにん》は
ひとえにこれを受けしめて
浄土真実のみ教えに
深くきざまれしめしけり

24

選択本願念仏集
本師源空明仏教
浄土の教え開きつつ
濁世の衆生にのべたもう

25

これを受けたるわが宗祖
選択集を付属され
これを書写したまわりて
念仏為本と受けにけり

26

浄土の一門興流す
ねたみの輩《やから》数多し
念仏門を誹謗する
宗祖は遠流処せられき

浄土真宗最初門をくぐりて

わが人生八十余歳の時、脊柱管狭窄症のため京大病院にて手術を受けた時の事です。病室の窓から東方を眺めると黒谷本山の山門や御堂の甍《いらか》がよく見える。朝な夕なには手を合わすことができる好位置でした。さらに大文字山から北方には比叡の山並みが一望できます。最近、この光景を遠望できる場所として、四条河原町の某料理店の窓から見られることが分かりました。

黒谷本山・金戒光明寺は、京大医学部解剖体祭が行われ、御門主をはじめ多くの高僧にお世話になったことがあります。この御寺の山門扁額には有名な「浄土真宗最初門」が掲げられています。江戸時代、本願寺は幕府に「浄土真宗」の宗名を申し出たことがありましたが、この扁額により却下されたと安居の講義で学びました。

（第十三首～第十四首）

聖人が比叡の山を降《くだ》られて念仏への御縁をいただかれたのは、恵信尼公消息「山を出でて六角堂に百日こもらせ給いし」のことばから分かります。そしてまた六角堂に参籠され、夢告の体験を経て吉水の法然上人のみもとに歩みを運ばれた歴史「雑行《ぞうぎょう》をすてて　本願に帰す」のことばも同様です。

（第十五首～第二十六首）

三　念仏停止、新たな旅路

――荒海越える、念仏の種――

（第二十七首～第三十三首）

27

京の都をあとにして
逢坂の関からふりかえる
かすみのかなた六勝寺
塔の相輪別れつぐ

28

京畿とわかれ近江路へ
湖上海上船筏《せんばつ》と
同行の縁お念仏
越後の国府道遠し

29

木ノ芽峠道けわし
越えて越前そばどころ
立ち寄るところ道場樹
真宗興隆※四《し》ケ《か》本山《ほんざん》

※真宗十派のうち、毫摂寺・誠照寺・専照寺・證誠寺のこと

30

谷大同期の学友は
誠派《じようは》の代表参務殿
門主の玉座案内《あない》受け
思い出したり西谷講義

31

荒波続く日本海
命をかけて親不知
めざすは上越居多《こた》の浜
流転のこの身越の寒梅

32

庵結びて恵信尼と
畑を耕し願いは一つ
念仏の種この大地
新たないのち春を待つ

33

汗と涙にいのちかけ
仏法実りて風薫る
解脱の光輪ひろまりて
越後平野は広大無辺

荒波越える、念仏の種

蓮如上人が北陸へ向かわれる時、琵琶湖上の船中の様子を、節談説教により拝聴したことがあります。まさに親鸞聖人の越後への遠流の船中も同じ情景だったのかと、その御苦労を察したことがありました。(第二十七首～第二十八首)

北陸といえば聖人ゆかりの真宗十派に属す四ヶ本山があり、浄土真宗の教えが充満しています。小職が大谷大学に学んでいた時のことです。「形而上学とは何か」で有名な、かの西谷啓治先生の名講義を受けていた時に、誠照寺派、毫摂寺派の新門様が一緒に受講されておられました。さらに後に大谷大学名誉教授となられた先輩も同席という貴重な体験が想い出されるのです。

（第二十九首〜第三十首）

旅の話となりますと、昭和四十八年（一九七三）に佐渡から直江津に到着した直後、聖人の御旧跡を巡拝することができました。居多ヶ浜、竹内草庵、国分寺の五智如来を拝して、聖人の往時を偲ぶことができたのです。

（第三十一首）

広大な越後平野については加茂市・廣圓寺の御住職の御案内により、広々とした平野の米作り、まちづくり、そのなかでの真宗寺院の役割、そして門徒のはたらきなどを御説明いただきました。そのことから、聖人がこの大地に種まきされお念仏の教えが結実したことがよく理解出来た次第です。

（第三十二首〜第三十三首）

また同師は東本願寺における安居の常連でしたので、安居村の村長（聴衆者の勝手な呼称）役で、感話の時など「安居病」「御絵道中病（蓮如上人）」などユーモラスな発言をされ、安居の緊張をほぐされていました。

さらに安居といえば、御影《ごえい》堂における開講式の時、宗務総長の挨拶、「安居は宗門の最高の学事である」のことばにより、聴衆の私達は学びの意識を高めたのでした。

四　越後、信州、常陸国

――一光三尊阿弥陀仏――

（第三十四首～第三十五首）

34

越後をあとに新たな旅路
信州信濃の善光寺
一光三尊阿弥陀仏
念仏の声大本願

35

信濃の国は十州※に
元善光寺たずぬれば
本田善光なにわの堀に
光るみほとけふるさとに

一光三尊阿弥陀仏

長野市の善光寺は「天台宗大勧進」と「浄土宗大本願」とが一年交代で代表を務められていることは周知のことであります。

この大本願を務めておられましたS・T尼は、私が学部学生の時、大学院生として学ばれておられました。当時の大谷大学では、金子大栄、曽我量深、鈴木大拙の各名誉教授による特別講義や講演会が行われておりましたので、彼女はいつも僧衣を身に着けて受講されていました。そのお姿は忘れられません。

善光寺といえば「牛に牽かれて善光寺参り」と、多くの人達が発することばですが、それ以外にも「一光三尊仏」は有名です。飯田市の元善光寺に参拝旅行した時、その由緒によりますと、本田善光がその昔、難波の堀に光るものを発見し、この地に持ち帰って安置したところ、光はより一層輝き、一光三尊があらわれたと説明されました。その後、この仏様が長野市に移されたとあり、その歴史を知ることができたのです。

（第三十四首〜第三十五首）

※「信濃の国」　浅井洌　作詞

信濃の国は十州に　境連ぬる国にして
聳ゆる山はいや高く　流るる川はいや遠し
松本伊那佐久善光寺　四つの平は肥沃の地
海こそなけれ物さわに　万ず足らわぬ事ぞなき

［意訳］

信濃の国は十の国（上野・武蔵・甲斐・美濃・飛騨・駿河・遠江・三河・越中・越後）と接しています
そびえる山はとても高く、川は遠くまで流れています
松本・伊那・佐久・善光寺の四つの盆地はよく肥えています
海はないけれど物産は豊かで、何も不足するものがありません

五　関東聖跡、仏法弘通

——常陸国、念仏の里を訪ねて——

（第三十六首～第四十四首）

36

坂東第一利根越えて
筑波の山は常陸の国
笠間の郡《こおり》稲田の郷《ごう》
新たな里に念仏萌える

37

稲田の草庵道俗きたる
専修念仏ひろまりて
蓬戸《ほうこ》を閉ずとも訪ねくる
仏法弘通願成就

38

常陸の国の祖師聖人
板敷山越え往返す
山伏弁円待ちぶせど
尊顔拝し門弟に

出版案内【真宗】

二〇二三年七月末

法藏館

最新刊

基礎から学ぶ浄土真宗①

阿弥陀仏と浄土

——親鸞が歩んだ道

内藤知康著　2200円

人気の授業を書籍化！　真宗学の第一人者が、浄土真宗の教義を理路整然とわかりやすく語る。浄土真宗を学ぶための決定版。

ためし読み

親鸞往生論争と教学の現況

草間法照著　2860円

近代以降の往生論争や教学のありようを再考。ステレオタイプ化した「通説」から脱却し、親鸞の実像に迫る！

ためし読み

生きものたちと仏教のはなし

華園真慶著　1430円

生きものたちの生と死に向き合い、気づかされた「生きるいのち」の世界。獣医学を学んだからこそ語ることができるみずみずしく新しい仏教のはなし。

ためし読み

イチオシ！

初めての書写におすすめ！

阿弥陀仏の誓願がよくあらわされた嘆仏偈・讃仏偈を、えんぴつやペンで書写してみませんか？ お経がもっと身近に感じられる一冊！

嘆仏偈〈書写用〉真宗大谷派版
讃仏偈〈書写用〉浄土真宗本願寺派版

法蔵館編集部編・B5判・各385円　　宗派別ふりがな・解説・意訳付き

永代経ってなぁに？
リーフレット

法蔵館編集部編
A4判（三つ折り）・88円

浄土真宗の永代経とはどの様なものなのか。ご門徒様にもわかりやすく、簡潔に解説。

■ご注文は10部以上で承ります。
■無料サンプル進呈中！ サンプルご希望の場合は1部のみ無料進呈致します。
全国書店店頭ではご注文いただけません。何卒ご了承ください。

辞典

真宗新辞典［机上版］ 改版①

大原性実・金子大榮・星野元豊監修　教義および歴史に関する新しい辞典。一五年の歳月をかけて編集。項目四千五百・索引一万二千。読みやすい大字使用。20350円

ためし読み

真宗小事典 新装版 8刷

瓜生津隆真・細川行信編　基本用語約五〇〇項目収録。一般読者の要望にもこたえる、使い易いハンディタイプ。1980円

真宗人名辞典

柏原祐泉・薗田香融・平松令三監修　宗祖・親鸞によってはじまる、浄土真宗に関わる約二三〇〇人を収録した最大規模の辞典。索引一〇〇〇〇項目。初公開資料の付録。22000円

新版 仏教学辞典 11刷

多屋頼俊他編　好評の『佛教学辞典』を新訂・増補。精選された約二七〇〇の項目。解説は近年の仏教史研究の成果をふまえ、広範な地域と時代をカバー。和文・欧文索引は約一五〇〇〇語採録。6160円

浄土真宗 法名・院号大鑑 8刷

真宗仏事研究会編　真宗門徒に最もふさわしい法名と院号の用例を集めた初の大鑑。聖教に基づく二四〇〇〇用例と、俗名を入れて名付けるための七二〇〇〇用例を収載。22

親鸞 左訓・字訓

―ご注文方法―

●お求めの際には、お近くの書店を通じてご注文下さい。十日から二週間程度でお手もとに届きます。

●送料ご負担で、直接ご注文をうけたまわります。詳細は、お問い合わせください。

●ウェブショップ
https://pub.hozokan.co.jpでは、他社の仏教書もご注文いただけます。ぜひご覧ください。

法蔵館
ホームページ

価格はすべて税込(10%)です。

〈送料・代引手数料

POD版

※POD=「プリントオンデマンド」(Print on Demand)。

POD版
仲野良俊著作集 ― 全15巻・別巻

仲野良俊著・A5判・各8250円［分売可］

親鸞浄土教の現代的意義を、大乗仏教の根本思想から明確に解き明かした仲野教学待望の集大成。

［巻構成］
第1・2巻 唯識思想入門Ⅰ・Ⅱ
第3・4・5・6巻 唯識三十頌講義Ⅰ・Ⅱ・Ⅲ・Ⅳ
第7・8・9巻 正信念仏偈講義Ⅰ・Ⅱ・Ⅲ
第10・11巻 歎異抄講義Ⅰ・Ⅱ
第12・13巻 阿弥陀経講義Ⅰ・Ⅱ
第14・15巻 勧衆偈講義Ⅰ・Ⅱ
別巻 講話集

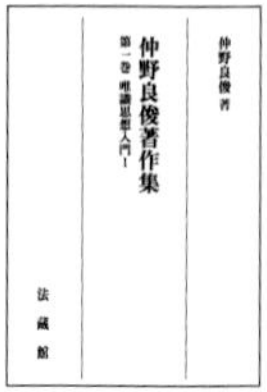

POD版
浄土真宗用語大辞典 ― 上・中・下

稲城選恵著・A5判
上／588頁・中／554頁・上中各14300円
下・語類索引／514頁・16500円

本願寺派勧学の稲城選恵師が、十数年余の歳月をかけて用語を選択し、解説した一貫性のある辞典。

POD版のためし読みはこちら ▶▶▶

※取扱いは、Amazon・三省堂書店オンデマンド・楽天のみ。法蔵館書店では購入できません。

好評

草野顕之著
親鸞伝の史実

田代俊孝著
歎異抄
心に刺さるメッセージ
1100円

同朋大学仏教文化研究所編
親鸞・初期真宗門流の研究
8800円

井上見淳著
「たすけたまへ」の浄土教
三業帰命説の源泉と展開
2刷
6600円

田代俊孝編 親鸞聖人…語訓辞典
…が誕生！ 親鸞聖人自身の言葉による真宗用語辞典
…われているかが理解できる。…の意味や、どのような意図で使…
3300円
ためし読み
4刷

ロングセラー

井上見淳著
真宗悪人伝
2刷
1980円

野々村智剣著
正信偈もの知り帳
仏教文化研究会編
14刷
681円

大來尚順著
カンタン英語で浄土真宗入門
3刷
1320円

野々村智剣著
仏教文化研究会編
門徒もの知り帳
仏事と聞法一〇〇のなぜ？
(上)935円 改版① (下)628円
26刷

伊東恵深著
法話のきほん
3刷
1430円

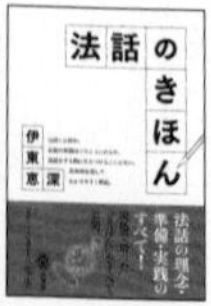

新装版

高松信英著
現代語訳
蓮如上人御一代記聞書
如来の眼・私の眼
1650円

真継伸彦訳
現代語訳 **親鸞全集** 全5巻
①教行信証 上
②教行信証 下
③宗義・註釈
④和讃・書簡
⑤言行・伝記
各2420円

⑤補遺…

230730000
ご購入金額合計
・16500円(税込)未満
送料……450円
代引手数料……330円
・16500円(税込)以上
送料、代引手数料ともに無料

細川行信、村上宗博、足立幸子著
現代の聖典 **蓮如五帖御文**
12刷
3300円

安田理深著
正信偈講義 全四巻
2刷
23100円

赤沼智善、山邉習學著
教行信証講義 全3巻
17刷
23760円

親鸞聖人全集刊行会編
細川行信著
定本教行信証
12刷
6050円

真宗仏事研究会編
お内仏のお給仕
真宗門徒の仏事作法
29刷
374円

39

公務のはじめ東海村
用務を終えて帰路なかば
稲田の草庵たどりつき
聖人しのび感涙す

40

聖人のこえ唯円房
書き著《あらわ》したり歎異抄
往時をしのぶ報仏寺
弥陀の誓願不思議なり

41

二十四輩の参拝路
ふたたび訪ぬ西念寺
報仏寺から板敷山
往時をしのび歓《かん》踊《ゆ》躍《やく》

42

真仏顕智の跡たずね
下野高田の専修寺
一光三尊阿弥陀仏
宗祖の御影やすらけく

43

教行信証草稿す
八万四千の法蔵は
鹿島の経蔵訪ねつつ
これを読み解き示しけり

44

陸奥の国まで是信房
宗祖の聖教説きひろめ
唯信鈔文意伝わりて
弘誓のみてら盛岡に

常陸国、念仏の里を訪ねて

昭和四十年（一九六五）に東海村の原子力施設を訪れ、公務を終えて帰路なかば、稲田の西念寺宿坊に一泊の宿の御縁がありました。翌日の晨朝法要に参詣させていただき聖人の御真影に拝し、この地で専修念仏の教えに専念された旧跡に感無量の勝縁を得たのでした。

さらに「弥陀の誓願不思議にたすけまいらせて」の歎異抄のことばを思い出し、唯円房ゆかりの河和田の報仏寺に足をのばしました。御堂の奥から聖人や唯円房の声が響いてくるかのような雰囲気でした。この時、「本願を信じ念仏申さば仏になる」のことばを強くいただくことができたのでした。

（第三十六首〜第四十一首）

話は変わりますが東日本大震災被災地の岩手県大槌町を訪れた時、偶然にもサンガ岩手を立ち上げられ現地で救援活動をしておられたR・Yさんに出会いました。関東二十四輩の是信房ゆかりの盛岡本誓寺の前坊守さんでした。安居を受講されていた時に親鸞聖人の光明本尊「帰命尽十方无碍光如来」のお軸についての伺ったことを記憶していましたので、二重の深い仏縁となりました。

（第四十四首）

六　帰京の旅路

——花城のみち、箱根を越えて——

（第四十五首～第五十三首）

45

聖人ふるさと京への旅
常陸の国をあとにする
見返り橋よりなつかしむ
稲田の里にわかれ告ぐ

46

東関の堺《さかい》帰路の道
箱根の険阻《けんそ》道けわし
翁《おきな》権現あらわれて
由緒伝える萬福寺

47

山を降《くだ》りて三島の宿
聖人の詠《うた》　成真《じょうしん》寺
色紙残りて弥陀の声
六字の名号となうべし

48

ここは三河の妙源寺
太子ゆかりのこのみ堂
聖人立寄り弥陀のこえ
本願他力のみ教えを

49

宗祖の教えひろまりて

三河の大地に花ひらく

満之月樵世に出でて

教学あらた我が信念

50

都に近き木部《きべ》の里
毘沙門天のおわします
聖人この地にとどまりて
本願念仏説きたもう

51

江州平野は米どころ
木部の門徒と法の苗
秋の実りは錦織《きんしょく》寺
真宗十派大本山

52

いそがばまわれ矢橋の渡し
こころ迷いて思案する
二河白道と一心に
瀬田の唐橋渡りきる

53

大津の宿に軸ありて
鬼の念仏何教《おし》う
自我の角《つの》折れわが姿
五十三仏お念仏

大津絵（閑栖寺蔵）

▲鬼の（寒）念仏

▼藤娘

花城《かせい》のみち、箱根をこえて

聖人の御帰洛の第一歩は、見返り橋から稲田の草庵をふりかえられた処である、と教えられたことがあります。箱根は『御伝鈔』のことばの如く「箱根の険阻にかかりつつ」から箱根神社の聖人像にはしばしば御縁がいただけました。特に箱根・萬福寺の御住職から往時の様子、また伝承など詳しくお話を伺ったことがありました。

(第四十五首～第四十六首)

箱根をくだれば三島に到着、成真寺《じょうしん》様には聖人のことばとして「恋しくば南無阿弥陀仏ととなうべし　我も六字のうちにこそすめ」が伝わっています。浄如聖人御染筆の色紙を御住職より頂戴し拙寺の床の間に掲げています。

三河地方には聖人の御旧蹟が各所に残されています。

（第四十七首）

妙源寺柳堂に立寄られ、聖徳太子のお姿に「和国の教主聖徳皇」と讃えておられる柳堂に参拝できたのは大変感慨深いものがありました。（第四十八首）

この三河地域には宗門の碩学清澤満之師、佐々木月樵師、山田文昭師などの諸先生を輩出しています。

（第四十九首）

さらに三河といえば三州瓦があります。宗祖の七百五十回御遠忌法要記念の御影堂御修復時、工事に際して出た古瓦を拙寺にも拝領し、目下本堂の一隅に保管しています。

江州木部の錦織寺（真宗木辺派本山）の前門主、現門主殿とは多少私的な御縁があります。前門主殿と拙寺第十六世賢瑞とは旧制中学の同級生なのです。セピア色をした当時の写真が残っています。また現御門主猊下とは、従兄弟・

早嵜得雄「法語書展」の御縁により錦織寺御影堂の法要に御招待いただいたことがありました。

（第五十首～第五十一首）

「大津絵の筆のはじめは何仏」とあの有名な松尾芭蕉の句がありますが、この大津絵の誕生は、東本願寺建立にあたって、その地に住していた絵師や仏画師達が、この東海道大津大谷、追分（閑栖寺追分惣道場創建地）付近に移住を余儀なくされたことに始まります。

仏画から民画（鬼の念仏、藤娘など）へと発展し、今日に至っております。

「大津絵と念仏」と題して、小職はたびたび法話の題材として使ってきました。

（第五十三首）

七　帰洛の御生涯

――聖教多くいただきて――

（第五十四首～第七十四首）

54

聖人みやこに帰りては
本師源空《しょうにん》先ず偲ぶ
西山あおぐその峰に
光明紫雲たなびけり

55

京《みやこ》の終日お念仏
教行信証読みかえし
総序《そうじょ》のことばかみしめて
浄土真宗真実の教《きょう》

56

浄土真宗案ずれば
往還《おうげん》回向二種ありて
真実の教 顕《きょう》わさば
大無量寿経 教の体

57

教行信証行の巻
大行大信はたらきて
無碍光仏のみ名称ず
諸仏称名十方世界

58

諸仏称名願たずね
大経の文言《もんごん》かがやけり
大衆のなか説法師子吼
正信念仏 偈をうたう

59

安居は宗門最高学事
御影の前に端坐して
流れる汗の開講式
受けて講題 信の巻

60

教行証といただきて
真実の証たずねるに
至心滅度の誓願は
無上涅槃阿弥陀仏

61

教行信証後序《ごじょ》の文《もん》
建仁辛《かのと》の酉《とり》の暦
雑行を棄てて本願に帰す
回心《えしん》の聖人宗祖の誕生

62

聖人聖教専念す
三帖和讃をはじめとし
唯信鈔も御註釈
文意※もまとめ残されき

※『一念多念文意』

63

さらに聖人愚禿鈔
内は愚にして外は賢なり
自身の深心求めてあつし
法《ほう》の深信 機の深信

64

末燈鈔にのたまわく
信心定まる時往生も
信を求める我らには
浄土真宗大乗至極

65

聖人み教えひろまりて
坂東各地に花開く
高田や鹿島横曽根と
二十四輩の交名牒

66

下総飯沼の性信房
聖人みもとに随従す
真蹟本の御本典
今に伝わる坂東本

67

聖人常陸におわすとき
鹿島に学びて往返づかれ※
背負いてたすく善念房
光圀ゆかりの太子像

※疲労の身

68

弥陀の誓願不思議なり
親鸞におきてはただ念仏
釈迦のみおしえまことなり
念仏申すはおのおの面々

69

十余ヶ国の境《さかい》こえ
往生極楽の道たずね
聖人のみもと歎異抄
身をかえりみずよろこびて

70

常陸の国より平太郎
熊野参詣途上にて
西洞院《にしのとういん》五条のわたり
聖人たずねて信心確信

71

多くの門弟ありながら
弟子一人ももたずと候う
わが念仏は如来の念仏
如来の信心賜わる信心

72

最後の御教化御絵伝に
門弟多くあい集う
耳をそばだて顕智房
あまたの聖教伝授せり

73

長寿の聖人弘長二歳
不例《ふれい》の気ます万里小路
世事をまじえず仏恩の
もっぱら称名たゆることなし

74

頭北面西右《う》脇《きょう》に臥す
念仏の声たえたれど
真実信心摂取して
浄土の門に帰入せり

親鸞聖人御影（閑栖寺蔵）

聖教多くいただきて

大学三回生専門課程に進む時、私は哲学科宗教学を選び、真宗学は生涯をかけて学べるという安易な気持ちでいたのです。

公務員を定年退職後、大学の聴講生として学び直しました。その時、ちょうど本山安居への誘いを受け『教行信証』教の巻、行の巻、信の巻、証の巻などを拝聴できたのです。幸いにも著名な先生方の講義を受けることができ、大いなる喜びとなりました。しかし、いま思いかえしますと若いうちにもっともっと、これらの御聖教を学んでおけば理解もできたのにと反省するばかりです。

（第五十四首～第七十四首）

八　聖人の遺徳と廟堂建立

――如来大悲の恩徳讃歌、念仏のこえひろまりて――

（第七十五首～第九十首）

75

祖師を偲びて覚信尼
大谷墳墓改めて
仏閣廟堂御真影
掲げて道場建立す

76

聖人遺徳をほめしめて
式文・御絵伝選述す
覚如上人その偉業
今に伝わる報恩講

77

聖人相伝その宗議
末流諸々に充満す
覚如蓮如と伝わりて
本願の寺生れたり

78

蓮如上人宗主受け
寂々《さびさび》とした本願寺
参詣の人なし姿なし
一念発起御文かく

79

道徳山科おひざもと
近江の道西御文受く
赤尾の道宗五箇山に
蓮師のおしえ三仏道

80

道徳念仏申さるべし
自力他力の心をば
まことの念仏あきらかに
年のはじめのありがたさ

81

法聞け法聞けございそく
うぐいす鳴きて我等にも
蓮如上人よろこびて
如来のよびごえ胸に満つ

82

仏法のこと今ここに
いそげいそげと弥陀のこえ
たしなむ時は若きとき
行歩《ぎようぶ》も確かな今この身

83

蓮如実如と留守職を
ゆずりてこころやすらかに
音羽の泉水《いずみ》南殿に
名号残りて礼《らい》すべし

84

戦国の世は時すぎて
新たな願い家康公
欣求浄土に本願寺
教如上人御堂建つ

85

達如上人在世のとき
両堂たびたび炎上す
日本国郡懇志あり
復興の礎《いしず》え信心あつし

86

新たな明治の世となりて
両堂再建各地へと
願の毛綱《けづな》はたらきて
御影堂《ごえいどう》そびゆ空高く

87

み厨子の奥に光あり
祖師はしずかにおわします
称名のこえわきあがる
うたう我等は廟堂頌《しょう》

88

年々歳々御正忌に
各地の門徒祖師しのぶ
仏恩報謝のお念仏
御影堂ひびく坂東節

89

真実信心伝わりて
宗祖のみ教えよろこびて
末代永劫ゆるぎなし
つねにわが身を照らすなり

90

聖人生誕八百五十
われらが門徒感無量
浄土の真宗いまここに
まことの信心世を照らす

如来大悲の恩徳讃歌、念仏のこえひろまりて

二〇一四年に小職は住職在位五十年記念の袈裟を御影堂御真影の前で拝受いたしました。偶然にもその席上、大谷大学男声合唱団（o・u・m・c）のかつてのメンバーに出会ったのです。実に五十年振りの再会でした。

男声合唱といえば、東本願寺の廟堂について清水脩先生が、当時大谷大学男声合唱団のために「廟堂頌」という曲を作曲して下さいました。同合唱団は演奏会の都度この曲を歌い続け、受け継いできました。「みずしの奥の御影《ごえい》」、これをささえる「大屋根」、境内の「鳩の様子」などが歌いこまれております。

宗祖親鸞聖人七百五十回御遠忌法要の際、この「廟堂頌」を聖人の御真影の

前で歌うことができました。五十数名のハーモニーは「いつつの音声いだしつつ　宮商和して自然なり」の如くひびきわたりました。

二〇二三年は宗祖親鸞聖人御誕生八百五十年・立教開宗八百年慶讃法要音楽法要に参詣でき、またライブ配信により多くの法要に出遇うことができました。

しかし現代社会は大変激動しています。この時にあたって私達は真実の教え、親鸞聖人のみ教えに出遇い、聞法の生活に励みたいものです。

（第七十五首〜第九十首）

おわりに

和讃でもなく回想文でもないことばを書き始めたのは二〇一四年（平成二十六）のことです。大学のセミナーや本山安居のノートなどを整理していたら数首が記してありました。またその後、宗祖親鸞聖人七百五十回御遠忌法要に参詣した時の随想文も残されていました。私はかねてから聖人を讃える和讃を「どなたか書いておられないか」と問い続けておりました。

二〇二一年（令和三）、突如、住職（放光院釋賢隆）が心筋梗塞で還浄いたしました。このことにより老齢のわがいのちある間と急ぎ聖人の御生涯の年齢に合わせて九十首をまとめた次第です。

この外にも蓮如上人の年齢に合わせて仏跡めぐりなど八十五首をとりまとめています。一日でも早く親鸞聖人を讃えた真の和讃に出遇うことをひたすら願うばかりです。

最後になりましたが、このたびの出版に際し、この書を取り上げて下さった法藏館社長　西村明高氏をはじめ編集部の皆様、さらに大変乱雑な原稿を取りまとめ編集下さった大山靖子さんにも厚く感謝と御礼を申し上げます。

南無阿弥陀仏　　合掌

二〇二四年三月一日

佐藤賢昭（さとう　けんしょう）

1938年　滋賀県生まれ
1961年　大谷大学文学部卒業（宗教学専攻）
1961年　京都大学（文部事務官）
1964年　真宗大谷派京都教区閑栖寺住職
2021年　同、住職代務者
京都大学教理解析研究所事務長、大津市仏教会副会長、大津市青少年教化協議会会長、車石・車道研究会代表（会長）を歴任。

生誕八百五十年讃仰
親鸞聖人を讃えることば
――和讃もどきとその随縁――

二〇二四年五月三〇日　初版第一刷発行

著　者　佐藤賢昭
発行者　西村明高
発行所　株式会社　法藏館
京都市下京区正面通烏丸東入
郵便番号　六〇〇-八一五三
電話　〇七五-三四三-〇〇三〇（編集）
〇七五-三四三-五六五六（営業）

装幀　野田和浩
印刷　立生株式会社　製本　吉田三誠堂

ISBN 978-4-8318-8803-7 C0015

浄土和讃のおしえ 上　冠頭讃、讃阿弥陀仏偈和讃	澤田秀丸著	一、二〇〇円
浄土和讃のおしえ 下　大経意、観経意、弥陀経意、諸経意、現世利益和讃、大勢至和讃	澤田秀丸著	一、三〇〇円
暮らしの中に仏教を見つける	織田顕祐著	一、〇〇〇円
真宗門徒の生活に自信を持とう	宮城　顗著	一、〇〇〇円
やさしい仏教の話	桜井俊彦著	一、〇〇〇円
お寺は何のためにあるのですか?	撫尾巨津子著	一、〇〇〇円
合掌の道　現代の課題に問われつつ「蓮如上人御影道中」を歩く	川島弘之著	一、二〇〇円

法藏館　価格税別